Ute Krause Luisa Zerbo

Die Muskeltiere

Das große Kochbuch

cbj

Verlagsgruppe Random House FSC® N001967

1. Auflage 2019

Umschlaggestaltung: Lena Ellermann, Potsdam
Umschlag- und Innenillustration: Ute Krause
Fotos und Rezepte: Luisa Zerbo
cl · Herstellung: UK
Satz: Lena Ellermann, Berlin
Reproduktion: Lorenz & Zeller, Inning a.A.
Druck: DZS Grafik d.o.o., Ljubljana
ISBN 978-3-570-17704-4
Printed in Slovenia

www.cbj-verlag.de

Inhalt

Kochen mit Kindern

Die Muskeltiere sind echte Feinschmecker und freuen sich jeden Abend über einen gut gefüllten Müllsack aus Frau Fröhlichs Feinkostladen. Darin finden sich nämlich viele Überbleibsel der süßen und salzigen Köstlichkeiten, die Frau Fröhlich für ihre Gäste kocht.

Vielleicht hast du beim Lesen der Muskeltier-Geschichten auch Lust bekommen, den Kochlöffel zu schwingen und selbst etwas Leckeres zu kochen? In diesem Buch findest du viele Lieblingsrezepte der Muskeltiere, die du nachkochen kannst. Lass dir bei allen Rezepten von einem Erwachsenen helfen, denn nicht jedes Gericht ist kinderleicht zuzubereiten. Und wer am heißen Herd oder mit scharfen Messern hantiert, braucht nicht nur Übung und Erfahrung, sondern manchmal auch ganz schön Kraft.

Lass dir auch ein paar Kniffe und Tricks zeigen, mit denen das Kochen gleich viel einfacher wird. Dann macht es richtig viel Spaß, und du traust dich vielleicht sogar, bei einigen Rezepten zu experimentieren und neue Zutaten auszuprobieren. Auf jeden Fall aber darfst du richtig stolz auf dich sein, wenn du deiner Familie oder deinen Freunden eine leckere Mahlzeit servierst. Denn selbstgekocht schmeckt am besten und gemeinsam essen macht glücklich!

Diese Werkzeuge helfen dir beim Kochen

Die Küchenmesser:

Küchenmesser brauchst du zum Schnippeln von Obst und Gemüse. Am besten gibt es in deiner Küche davon mehrere in verschiedenen Größen. Kleine für zarte Früchte wie Erdbeeren oder zum Zwiebel- und Knoblauchschneiden und ein großes für große Dinge mit harter Schale wie Kürbis oder Wassermelone. Pass aber gut auf: Alle Küchenmesser sind sehr scharf, deshalb solltest du das Schneiden erst mit weichem Obst und Gemüse wie Gurke oder Apfel üben.

Der Sparschäler:

Mit dem Sparschäler kannst du leicht die Haut von Obst und Gemüse abschälen. So verschwendest du nichts von deinen Lebensmitteln und er ist einfacher zu handhaben als ein Küchenmesser.

Das Schneidebrett:

Benutze zum Schneiden immer ein festes, rutschfestes Brett als Unterlage.

Das Handrührgerät:

Mit dem elektrischen Handrührgerät schlägst du Sahne oder rührst Quark oder Teig an. Alternativ kannst du auch einen Schneebesen benutzen, aber das kostet viel mehr Kraft und Zeit.

Töpfe und Pfannen:

Für jedes Gericht gibt es den passenden Topf oder die richtige Pfanne. Verwende zum Beispiel für Pfannkuchen eine beschichtete Pfanne, zum Kochen von Nudeln brauchst du einen großen Topf, in den viel Wasser passt. Lass dir bei der Auswahl der richtigen Geräte helfen.

Topfhandschuhe:

Benutze zum Anfassen von heißen Kochgeräten wie Töpfe, Pfannen oder Backbleche immer Topfhandschuhe in der passenden Größe, sonst kannst du dich leicht verbrennen.

Kochlöffel, Schaumkelle und Pfannenwender:

Mit dem Kochlöffel kannst du von der Suppe bis zum Teig alles verrühren, was heiß oder schwer und klebrig ist. Durch den langen Stiel und den großen Löffel ist er besser zu handhaben als ein Esslöffel. Mit dem Pfannenwender wendest du Bratstücke in der Pfanne, ohne dass sie zerfallen. Mit dem Schaumlöffel kannst du größere Stücke wie die Samosas oder Klöße vorsichtig aus heißem Wasser oder Fett heben.

Die Vierkantreibe:

Sie hat vier verschieden grobe Reibeseiten, mit denen du Gemüse wie Zucchini, Karotten und Kartoffeln oder Käse reiben kannst. Achte darauf, dass die Reibe einen festen Stand hat und reibe das Gemüse oder Käsestück nicht bis zum Ende, denn die Reibe ist sehr scharf.

Die Waage:

In den Rezepten sind meist genaue Mengen angegeben. Doch wie viel sind 500 g Mehl? Damit du nicht falsch liegst, solltest du alle Zutaten mit der Küchenwaage abwiegen. Es gibt mechanische Küchenwaagen, bei denen ein Zeiger die aufgelegte Menge anzeigt, oder digitale Küchenwaagen, wo du die aufgelegte Menge in einem Display angezeigt bekommst.

Wie viel ist eigentlich …?
Maßangaben, die du beim Kochen kennen musst.

g = Gramm
kg = Kilogramm (1kg = 1000g)
l = Liter
¼ l = 250ml
½ l = 500ml
¾ l = 750 ml
1 l = 1000 ml

1 Prise: Eine Prise nimmt man oft bei Gewürzen, zum Beispiel 1 Prise Salz. 1 Prise ist so viel wie zwischen deinen Daumen und Zeigefinger passt.

1 Msp: Eine Messerspitze ist so viel wie auf die vordere Spitze eines Messers passt. Ein bisschen mehr als eine Prise.

EL = Esslöffel
TL = Teelöffel
cm = Zentimeter
mm = Millimeter (10 mm = 1 cm)
Min. = Minute
C = Grad (die Temepratur am Backofen)

Die Muskeltiere
Einer für alle, alle für einen

Picandou C. Saint Albray ist viel zu bequem, um ein Held zu sein. Er würde auch immer noch alleine unter der Kellertreppe des Feinkostgeschäfts leben und es sich dort gut gehen lassen, wäre er nicht in einer dunklen Novembernacht einer Ratte ohne Namen und einer Maus ohne Zuhause begegnet.

Ernie, alias Pomme de Terre, verlor sein Zuhause in der Kneipe »Zur Dicken Seejungfrau«, als ein Kammerjäger ihn ausräuchern sollte. Auf der Flucht entdeckte er das Feinkostgeschäft und glaubte sich schon im Paradies, bis er feststellte, dass es einem anderen gehört.

Bertram von Backenbart, ein Goldhamster von edlem Geblüt, hatte alles, wovon ein Hamster nur träumen konnte. Am liebsten hörte er Geschichten auf CD, am allerliebsten »Die drei Musketiere«. Wenn er sich doch nur nicht so gelangweilt und vom großen Abenteuer geträumt hätte … Da erhielt er unerwarteten Besuch und sein Leben änderte sich abrupt.

Die Ratte ohne Namen wurde Gruyère Réserve getauft. Sie hatte ihr Gedächtnis verloren und glaubte fest, dass sie eine Maus wäre. Auf der Suche nach ihrer Vergangenheit stieß sie nicht nur auf das »Schiff meiner Träume«, das im Hamburger Hafen lag, sondern fand auch neue Freunde!

Retter in der Not

»Nee, nee, nee«, schnaubte Picandou. Er hatte sich bereits zum dritten Mal in dieser Nacht durch das Abflussrohr im Waschbecken gezwängt und war von dort aus in den Innenhof gelangt. Fassungslos hatte er jedes Mal auf die leere Stelle an der Wand neben der Toreinfahrt gestarrt. »Das darf einfach nicht wahr sein!«

Als er in die Mäusehöhle unter der Kellertreppe zurückkehrte, knurrte sein Magen so heftig, dass er sich ganz zitterig fühlte.

»So kann es nicht weitergehen«, rief er. »Heute ist schon der dritte Tag ohne Müllsack.«

Die anderen Muskeltiere, die sich bereits selbst davon überzeugt hatten, dass es wieder nichts gab, nickten bedrückt.

Hamster Bertram von Backenbart, der auf seinem Schwammbett lag, blinzelte. »Wir haben ohne Frage ein Problem«, lispelte er. »Aber was sollen wir tun?«

»Umziehen?«, näselte Pomme de Terre aus der Sardinendosencouch heraus.

»Unsinn«, antwortete Picandou. Er seufzte. »Sogar die Kellertür ist seit Tagen geschlossen. Nicht mal die Käsetheke bleibt uns. Wir verhungern hier noch.« Er piekte mit der Pfote in das, was von seinem Bäuchlein übrig geblieben war – und das war nicht sehr viel.

Die Muskeltiere sahen sich ratlos an.

»Stimmt, dass die Kellertür so lange zu ist, hat es noch nie gegeben«, antwortete die Rattendame Gruyère und schüttelte besorgt den Kopf. »Irgendwie machen Frau Fröhlich und Margarethe auf einmal alles anders als sonst.«

»Etwas ist faul an dieser Sache«, sagte Bertram.

»Sogar oberfaul«, stimmte Picandou zu.

So kam es, dass die Muskeltiere beschlossen, den Dingen auf den Grund zu gehen und herauszufinden, warum der Müllsack plötzlich abends nicht mehr im Hof stand. Tagsüber, während der Laden geöffnet hatte, sprangen sie abwechselnd die Kellertreppe hinauf und lauschten an der verschlossenen Tür. Sie vernahmen zwar die Stimmen der Kunden, doch irgendwann bemerkten sie, dass etwas fehlte: So sehr sie auch die Ohren spitzten – die Stimmen von Margarethe und Frau Fröhlich waren nicht zu hören – und das lag nicht allein daran, dass durch die geschlossene Tür alles viel gedämpfter und anders klang.

Und dann hörten sie etwas, das sie aufmerken ließ. Frau Schmidtchen, eine Stammkundin, rief entrüstet: »Das hat heute aber überhaupt nicht geschmeckt. Hat Frau Fröhlich das wirklich selbst zubereitet?«

»Ja, wenn ich es Ihnen doch sage«, antwortete eine Männerstimme.

Und dann fügte die Stimme von Frau Speckmann hinzu: »Aber sie kocht doch sonst sehr viel besser!«

»Dazu kann ich nichts sagen«, sagte der Mann.

»Also, wenn das so weitergeht, kommen wir nicht wieder«, erwiderte Frau Schmidtchen.

Die Muskeltiere sahen sich an. Was hatte das zu bedeuten?!

Als im Laufe des Tages noch weitere Beschwerden über das Essen kamen, wussten sie, dass etwas ganz sicher nicht stimmte, denn so etwas hatte es noch nie gegeben. Im Gegenteil: Frau Fröhlichs Ruf als großartige Köchin ging weit über die Speicherstadt hinaus und die Menschen kamen von überall her zu ihrem berühmten Mittagstisch.

»Vielleicht hat sie das Geschäft ja verkauft«, lispelte Bertram, als es im Laufe des Tages immer stiller im Laden wurde.

»Das wäre ja schrecklich!« Picandou wurde blass. »Nein, das kann nicht sein!«

Als die Turmuhr sechs Mal zu schlagen begann, wandte sich der Hamster wieder an die Runde: »Meine Herren, meine Dame, wir müssen in Erfahrung bringen, was hier geschieht. Ich für meinen Teil werde versuchen, von vorne in den Laden hineinzukommen, bevor er schließt. Wer ist dabei?«

Bevor jemand antworten konnte, war Bertram zurück in die Mäusehöhle unter der Treppe gehüpft, entstaubte die vier Degen, reichte jedem Muskeltier einen und hoppelte die Kisten zum Waschbecken hinauf. Gruyère und Pomme de Terre folgten.

Nur Picandou rief ärgerlich: »Ihr könnte doch tagsüber nicht auf die Deichstrasse laufen. Das ist viel zu gefährlich!«

Aber Bertram war bereits durch den Abfluss verschwunden: »Es wird bald dunkel«, tönte es hohl aus dem Rohr.

Picandou seufzte schwer und kletterte umständlich hinterher.

Die Sonne ging gerade unter und die Schatten vertieften sich, als die Muskeltiere unbemerkt auf die Deichstrasse huschten und vorsichtig an der Wand entlang zum Eingang robbten.

Die Tür stand offen. Ein fremder junger Mann mit Ziegenbärtchen fegte gerade die Stufen, die zum Laden hinaufführten. Er trug eine Schürze und hatte für sein Alter schon ordentlich was auf den Rippen, wie Pomme de Terre leise bemerkte. Als er fertig war, stellte er den Besen beiseite, trat die Stufen herunter und wischte die Klapptafel ab, um dann mit Kreide das Mittagsmenü für morgen darauf zu schreiben. Dabei kehrte er den Muskeltieren den Rücken zu.

Bertram witterte ihre Chance. »Kommt«, zischte er und flitzte die Stufen hinauf.

»Bertram! Das ist zu gefährlich!«

Doch der Hamster hörte Gruyère nicht.

Er war bereits im Laden verschwunden.

»Ich hole ihn zurück«, flüsterte Pomme de Terre und raste hinterher.

Gruyère, die begriff, dass der braune Mäuserich den Hamster

unmöglich alleine stoppen konnte, huschte hinterher. Auch Picandou, der nicht als Einziger zurückbleiben wollte, folgte unwillig.

»Hierher. Schnell!«, zischte Pomme de Terre den beiden zu und winkte heftig. Er und Bertram saßen unter einem Regal direkt neben der Eingangstür.

Sie waren keine Sekunde zu früh, denn der Mann schleppte gerade die Tafel in den Laden, schloss von innen ab und verschwand in der angrenzenden Küche. Die Muskeltiere hörten das Scheppern von Töpfen und Pfannen und sein leises Fluchen. Nach einer Weile roch es angebrannt.

»Er kocht«, stellte Gruyère fest.

Sie mussten noch einige Zeit unter dem Regal ausharren, während der Mann in der Küche herumwerkelte, und so schauten sie sich aus ihrem Versteck heraus im Laden um. Alles sah aus wie immer – das war schon mal beruhigend. Bertram vertrieb sich die Zeit, indem er entzifferte, was als morgiges Tagesmenü auf der Tafel stand.

»Spaghetti bolognese«, las er langsam.

Pomme de Terre schnüffelte. »Dat riecht bei Frau Fröhlich aber ganz anders.«

Die anderen nickten nachdenklich.

Als die Turmuhr sieben Mal geschlagen hatte, löschte der Mann endlich alle Lichter, griff nach seinem Mantel und verschwand mit einem Müllsack aus dem Laden.

Picandou stürzte ans Schaufenster.

»Bringt er den etwa in den Hof?«, rief er hoffnungsvoll.

Doch der Mann bugsierte den Müllsack in einen kleinen Lieferwagen und fuhr davon.

»Na toll!«, knurrte Picandou.

»Kein Grund zu verzweifeln, heute werden wir alle satt«, näselte Pomme de Terre. Er trippelte Richtung Küche und die anderen folgten ihm. Er deutete zum Herd. Dort standen mehrere Töpfe, aus denen es dampfte. »Da wartet unser Abendessen«, sagte er.

Dank Margarethe, die nicht besonders ordentlich war, stapelten sich direkt neben der Arbeitsplatte einige Kisten in verschiedenen Größen. Die Muskeltiere kletterten hinauf. Der Topf war ziemlich groß, also schoben sie zu viert einen Salzstreuer und eine Packung Nudeln daneben und bauten eine kleine Treppe.

Picandou kletterte als erster hinauf, lehnte sich über den Topfrand, steckte die Pfote hinein und kostete von der Soße. Er verzog das Gesicht.

»Igitt! Das ist ja ungenießbar.«

Anschließend kletterte Gruyère hinauf. Auch sie verzog das Gesicht, nachdem sie gekostet hatte. »Kein Wunder, dass niemand mehr kommt!«

»Das möbeln wir erst mal auf, bevor wir zu Abend essen«, brummte Picandou.

Er hüpfte über die Arbeitsplatte zu den Gewürzfässchen, die Frau Fröhlich dort ordentlich aufgereiht hatte. Er schnüffelte hier, kostete dort und deutete schließlich auf ein Gefäß.

»Das muss rein.«

Zu dritt trugen sie das Fässchen zum Kochtopf. Bertram hatte das Wort, das darauf stand, schon entziffert: »Majoran«.

Gruyère und Pomme de Terre kippten so viel von dem Gewürz in den Topf, bis Picandou »Stopp!« rief.

Bertram, der größte und stärkste, stellte sich auf die Nudelpackung und rührte kräftig mit einem Holzlöffel um.

Picandou kostete wieder und schüttelte immer noch bekümmert den Kopf. Er deutete auf das Salzfass, das als Treppe diente. Bertram und Gruyère reichten sie ihm und Picandou salzte ordentlich nach. Noch einmal tauchte er sein Pfötchen in die Soße, dann deutete er auf den Pfefferstreuer.

»Schon besser«, murmelte er, während Bertram weiterrührte.

»Jetzt noch etwas Oregano«, sagte er, und so mischten und probierten sie und bekamen dabei erst richtig Appetit. Das Essen schmeckte immer besser.

»Jetzt ist es endlich gut«, sagte Picandou schließlich. »Alle Mann zu Tisch«.

Das ließ sich niemand zweimal sagen.

Die Kirchturmuhr schlug gerade drei Uhr, als sie endlich satt und erschöpft die Kisten herunterkletterten. Sie trippelten in die hinterste Ecke unter ein Regal, wo Gruyère zwei alte Käseschachteln hingeschoben hatte. Dort kuschelten sie sich fest aneinander, und als sie fast schon eingeschlafen waren, murmelte Picandou zufrieden: »Endlich keinen Hunger mehr! Herrlich. Aber wo zum Teufel stecken Frau Fröhlich und Margarethe?«

Am nächsten Tag erfuhren sie, warum die beiden nicht im Laden waren. Die Muskeltiere wurden von lauten Stimmen geweckt, und es dauerte einen Moment, bis sie begriffen, dass sie nicht in ihrer gemütlichen Höhle unter der Kellertreppe geschlafen hatten, sondern unter einem Regal im Feinkostladen.

»Das sind die besten Spaghetti bolognese, die ich je gegessen habe!«, rief eine Kundin.

Und eine zweite Stimme sagte: »Ausgezeichnet.«

Die Muskeltiere grinsten einander verschlafen an.

»Freut mich«, antwortete der junge Mann. »Gebe ich meiner Tante so weiter, wenn sie aus dem Urlaub zurückkommt.«

»Urlaub!« rief Pomme de Terre. »Das erklärt alles.«

»Tante?!«, flüsterte Bertram. »Also ist das Frau Fröhlichs Neffe!«

»Ich dachte, Frau Fröhlich hat keine Familie«, gab Gruyère zurück.

»Hat sie auch nicht«, sagte Picandou verwundert.

Im Laufe des Tages kamen zwar nur wenige Kunden, aber die, die kamen, waren ausnahmslos begeistert.

»Oh Mann«, flüsterte Picandou. »Er hat den Ruf des Ladens innerhalb weniger Tage schon ziemlich ramponiert. Nicht auszudenken, was passiert, wenn er so weitermacht.«

»Dann kümmern wir uns heute Nacht halt wieder um den Mittagstisch«, sagte Pomme de Terre.

Und so kam es, dass die Muskeltiere abermals nachts in die Küche schlichen.

Die Kartoffelsuppe, die für den morgigen Tag auf der Tafel angekündigt war, schmeckte nach klumpigem Mehl und hätte sicherlich für große Empörung gesorgt, wenn die Muskeltiere nicht eingeschritten wären.

Diesmal mussten sie sich richtig ins Zeug legen.

Gruyère briet Zwiebeln an, Bertram rührte so kräftig er konnte, um die Klümpchen aufzulösen, und Pomme de Terre und Picandou brachten Salz, Pfeffer, Lorbeerblätter und was ihnen sonst noch an Gewürzen in die Hände fiel, während sie abwechselnd kosteten.

Auch die Tomatensuppe, die der junge Mann für den darauffolgenden Tag gekocht hatte, schmeckte langweilig und musste ordentlich nachgewürzt werden. Genauso war es mit der Zwiebelsuppe und dem Linseneintopf.

Und so ging das die ganze Woche.

Picandou wurde immer experimentierfreudiger. Jeden Abend marschierte er zwischen den Gewürzfässchen auf und ab, nahm von hier und von dort etwas. Er benahm sich wie ein richtiger Meisterkoch. Unterdessen raspelte Bertram Gurken und Karotten, während Pomme de Terre und Gruyère Knoblauch, Zwiebeln oder Gemüse hackten. Gruyère briet alles in einer großen Pfanne an, und Pomme de Terre und sie brachten, was fertig war, zu Picandou, der die Zutaten in den Topf gab und abschmeckte, während Bertram ordentlich rührte.

Bald hatte es sich zum Glück herumgesprochen, dass Frau Fröhlichs Mittagstisch wieder so gut wie früher schmeckte, wenn nicht sogar besser, sodass die alten Kunden langsam zurückkehrten.

Bertram hatte beim Herumstöbern auf einem Regal sogar ein Kochbuch mit leckeren Kuchenrezepten entdeckt. »Wollen wir das nicht mal ausprobieren?!«, lispelte er. Aber das ging den anderen Muskeltieren dann doch zu weit.

»Wenn hier plötzlich ein Kuchen steht, den dieser Neffe nicht gebacken hat, fällt sogar ihm auf, dass er Nachhilfe bekommen hat«, sagte Picandou. »Es ist schon erstaunlich genug, dass er glaubt, er sei hier der tolle Koch.«

Das stimmte natürlich. Der junge Mann nahm das Lob der Kunden ganz selbstverständlich und gelassen entgegen. »Vielleicht mache ich eines Tages mein eigenes Restaurant auf«, sagte er.

»Ein Restaurant, aber das sollten Sie unbedingt tun!«, rief Frau Schmidtchen.

»Wenn die wüsste«, murmelte Pomme de Terre. »Nich einen Tag würde er dat überleben.«

Eines Abends ging die Ladentür auf und Frau Fröhlich und Margarethe kamen herein. Sie stellten ihre Reisetaschen ab und begrüßten ihre Gäste. Die Muskeltiere, die noch schläfrig in den Camembertschachteln unter dem Küchenregal lagen, waren sofort hellwach.

»Hurra«, flüsterte Gruyère. »Jetzt wird alles wieder gut!«

»So schlecht war es die letzten Tage doch gar nicht«, erwiderte Pomme de Terre, dem das Kochen zunehmend Spaß machte.

Margarethe umarmte den jungen Mann. »Und wie war`s, Rudilein?«, rief sie.

»Super, Tante Margarethe«, sagte Rudilein.

»Allerdings«, rief ein Kunde. »Ihr Neffe ist ein fantastischer Koch.«

»Großartig!« Frau Fröhlich lächelte und gab Rudilein zur Begrüßung die Hand. »Dann können wir jetzt ja öfter verreisen«

Die Muskeltiere sahen sich entsetzt an.

»Auf keinen Fall«, knurrte Picandou.

»Ich bin schon ganz gespannt auf deine Kochkünste«, sagte Margarethe. »Wie wäre es, wenn du uns heute Abend bekochst?!«

»Au ja«, rief Frau Fröhlich. »Nach der langen Reise ist mir das sehr recht.«

»Diesmal helfen wir aber nicht«, flüsterte Bertram.

Gespannt warteten die Muskeltiere, was Rudilein wohl auf den Tisch stellen würde. Besonders gut roch es nicht, dabei gab es zur Feier des Tages wieder Spaghetti bolognese. Die Muskeltiere schlichen zur Küchentür und spähten vorsichtig in den Raum.

Dort saßen die zwei Damen mit Rudilein am Tisch, der sie erwartungsvoll anblickte. Margarethe nahm eine ordentliche Portion auf ihren Teller und kostete. Dann verzog sie das Gesicht. Auch Frau Fröhlich schob den Teller beiseite.

»Das hast du also für unsere Kunden gekocht?«, fragte Margarethe und versuchte, ihr Entsetzen zu verbergen.

Rudilein nickte stolz.

»Und das hat ihnen geschmeckt?« Frau Fröhlich hob fragend die Brauen.

Rudilein nickte nochmals eifrig. »Allerdings! Sie waren begeistert.«

»Das verstehe, wer will«, murmelte Margarethe. Sie legte die Gabel beiseite und sie und Frau Fröhlich wechselten Blicke.

»Gerda«, fuhr Margarethe fort, »ehrlich gesagt bin ich gar nicht so scharf aufs Reisen. Am liebsten bin ich doch hier mit dir in unserem Laden.«

Frau Fröhlich nickte heftig. »Ich auch!«

Rudilein, der seine Bolognese inzwischen gekostet hatte, verzog nun selbst das Gesicht. »Komisch, schmeckt heute ganz anders«, sagte er. »Vielleicht war die Tomatensoße schlecht.«

Frau Fröhlich erhob sich. »Ich schlage vor, Margarethe und ich kümmern uns jetzt um das Essen für morgen.« Sie lächelte Rudilein zu. »Ich danke dir für deine Hilfe, lieber Rudi. Du weißt ja, du bist uns jederzeit als Gast willkommen!«

»Danke«, sagte Rudi und ergriff Frau Fröhlichs Hand. Er strahlte die beiden an. »Hättet ihr etwas dagegen, wenn ich mein eigenes Restaurant eröffne? Ich meine, ich will euch ja nicht die Kunden wegnehmen, das wäre schließlich nicht fair … deswegen frage ich …«

Frau Fröhlich warf Margarethe einen Blick zu. Die sah ihren Neffen besorgt an.

»Also, das wäre schon in Ordnung«, sagte Frau Fröhlich und Margarethe murmelte etwas Unverständliches.

Rudilein strahlte und verabschiedete sich von den beiden. Margarethe stellte das Radio an, während Frau Fröhlich die Töpfe und Pfannen rausholte. Sie plauderten und lachten und schon bald duftete es ganz wunderbar aus der Küche.

Später, als die Frauen den Laden verlassen hatten, kosteten die Muskeltiere ganz vorsichtig von der leckeren Gemüse-Quiche.

»Herrlich«, rief Picandou. »Und ist es nicht schön, mal nicht zu kochen?!«

Gruyère hatte ihn nicht gehört, sie deutete aufgeregt in den Laden: »Schaut mal, Margarethe hat vergessen, die Kellertür zu schließen.«

»Wie immer«, sagte Bertram glücklich. »Es ist so schön, dass sie wieder da sind.«

»Ob es wohl wieder einen Müllsack gibt?«, fragte Pomme de Terre.

Das war das Stichwort! Die Muskeltiere trippelten, so schnell sie konnten, die Kellertreppe hinab und rutschten durch ihren Geheimgang hinaus in den Innenhof. Und siehe da – sie konnten ihr Glück kaum fassen – neben der Toreinfahrt lehnte ein prallgefüllter Müllsack.

»Endlich ist alles wieder gut«, seufzte Picandou glücklich, und dann raste er, nein, er flog so schnell er konnte auf die Toreinfahrt zu.

Süße Überraschungen

Vanillequark mit Rhabarberkompott und Erdbeeren

Schwierigkeitsgrad: 🧀 • Menge: 4 Gläser

Du brauchst dafür:

Für die Creme:
250g Quark
1 Vanilleschote
4 EL Joghurt
3 EL Zucker

Für den Rhabarber:
400g Rhabarber
3 EL Zucker
100ml Himbeersaft

Sonstige:
4 Erdbeeren
100g Mandelkekse
3 EL Mandelblättchen

Und so geht's:

- Für das Rhabarberkompott die Stangen waschen, schälen und in fingerbreite Stücke schneiden.
- In einem Topf den Zucker und den Himbeersaft zum Kochen bringen. Den Rhabarber dazugeben und bei mittlerer Hitze ca. 10–15 Minuten köcheln lassen. Am besten das Kompott schon am Vortag zubereiten, ansonsten gut auskühlen lassen.
- Für den Vanillequark Quark, Joghurt und Zucker in eine Schüssel geben. Das Mark der Vanilleschote auskratzen und dazugeben und alles mit dem Handrührgerät cremig schlagen.
- Die Erdbeeren klein schneiden und die Kekse zerbröseln.
- Dann alles in kleine Gläschen schichten. Zuerst kommen die zerbröselten Kekse, dann der Vanillequark. Getoppt wird das Ganze mit Rhabarber und Erdbeeren. Das so oft wiederholen bis das Glas zu 2/3 gefüllt ist und mit den Mandelblättchen bestreuen.
- Die Gläschen für 1 Stunde in den Kühlschrank stellen.

Vanille-Buchteln gefüllt mit Aprikosen

Schwierigkeitsgrad: 🧀🧀 • **Menge: 12 Stück**

Du brauchst dafür:

600g Weizenmehl 405
200g lauwarme Milch
1 Würfel frische Hefe
60g Butter
100g Zucker
2 Eier
Mark einer Vanilleschote
12 Aprikosen entsteint
1 fertige Vanillesoße

Und so geht's:

- Gib das Mehl in eine Schüssel und drücke in die Mitte eine Mulde. Die Hefe zusammen mit 1 EL Zucker in der Milch auflösen, in die Mehlmulde geben und mit den Fingern leicht einarbeiten. Für 30 Minuten an einem warmen Ort gehen lassen.
- Die weiche Butter, den restlichen Zucker und die 2 Eier zum Vorteig geben und mit den Händen zu einem glatten, geschmeidigen Teig verarbeiten. Den Teig mit einem Küchenhandtuch abdecken und erneut 2–3 Stunden an einem warmen Ort gehen lassen.
- Dann noch einmal gut durchkneten und daraus 12 Kugeln formen. Die Aprikosen mit einem Messer hälftig aufschneiden, entkernen und jeweils in eine Kugel einarbeiten.
- Eine Springform fetten. Die Buchteln mit etwas Platz in die Form setzen und noch einmal für 30 Minuten abgedeckt gehen lassen.
- Die Buchteln vor dem Backen mit flüssiger Butter bestreichen und mit Zucker bestreuen.
- Dann die Buchteln im Ofen bei 180 °C bei Ober-/Unterhitze ca. 30 Minuten backen, bis sie leicht gebräunt sind.
- Die Vanillesoße nach Packungsanweisung zubereiten und auf dem Teller über die warmen Buchteln gießen.

Bananen-Blitz-Eis am Stiel

Schwierigkeitsgrad: 🧀 • **Menge: 4 Portionen**

Du brauchst dafür:

Für das Bananen-Blitz-Eis:
2 Bananen
4 Eis-Holzstiele
200g Vollmilch- oder Zartbitterschokolade

Zum Verzieren:
Mandelstifte
gehackte gefriergetrocknete Himbeeren oder bunte Knallbrause

Und so geht's:

- Die Bananen schälen und halbieren.
- Die Holzstiele vorsichtig in die Bananen stecken und für 1 Stunde in den Gefrierschrank stellen.
- Die Schokolade unter Rühren bei kleiner Hitze in einem Topf schmelzen und in ein hohes Gefäß geben, in das du die Bananen ganz eintauchen kannst.
- Die Bananen komplett mit Schokolade überziehen und sofort verzieren.
- Die Bananen erneut in den Gefrierschrank geben und erst kurz vor dem Servieren herausnehmen.

Bananen im Schoko-Crêpe mit karamellisierten Nüssen

Schwierigkeitsgrad: 🧀🧀 • Menge: 4 Portionen als Nachtisch

Du brauchst dafür:

Crêpes:
50g Mehl
1 EL Kakao
1 Ei
125g Milch
1 TL Zucker

Füllung:
2 Bananen
2 EL Nuss-Nougatcreme
100g gemischte Nüsse
3 EL Zucker
100g Kuvertüre im Becher

Und so geht's:

- Für die Crêpes Mehl, Kakao, Ei, Milch und Zucker in ein hohes Gefäß geben und mit dem Handrührgerät zu einem glatten Teig verrühren.
- In einer großen Pfanne etwas Sonnenblumenöl erhitzen, Teig dünn in die Pfanne geben und Crêpes ausbacken.
- Die fertigen Crêpes auf einem Teller auskühlen lassen. Mit der Nuss-Nougat-Creme bestreichen und je 1 geschälte Banane in einen Crêpe einwickeln.
- Den Zucker in einer Pfanne bei mittlerer Hitze schmelzen lassen, die Nüsse dazugeben und karamellisieren. Auf ein mit Backpapier ausgelegtes Blech geben, gut auskühlen lassen und mit einem Messer grob hacken. Lass dir hier helfen!
- Die Kuvertüre im heißen Wasserbad schmelzen, über die Crêpes geben und mit den Nüssen bestreuen.

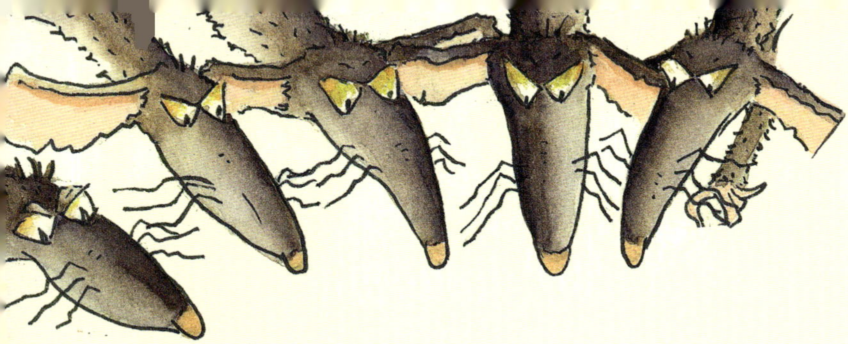

Das Lied der Ratten

Reinbeißen, reinbeißen!
Sack zerreißen!
Kauen, kauen,
nagen, nagen,
voll der Magen!

Sack zerreißen, Sack zerreißen!
Kräftig in das Fressen beißen!
Beißen, beißen,
schmatzen, nagen,
voll der Magen!

Eins, zwei, drei, Sack entzwei!
Alles fressen, alles fressen,
eilig in die Fresse pressen!
Essen fressen!
Essen fressen!
Rülpsen, furzen
nicht vergessen!

Erdbeer-Waldmeister-Marmelade

Schwierigkeitsgrad:  • **Menge:** 4 - 5 kleine Gläser Marmelade

Du brauchst dafür:

500g frische Erdbeeren
100g Waldmeistersirup
300g Gelierzucker
Saft von 1 Zitrone
4-5 kleine Einmachgläser (250 ml)

Und so geht's:

- Die Erdbeeren waschen und putzen.
- Erdbeeren mit dem Waldmeistersirup und dem Zucker in einem hohen Gefäß mit dem Pürierstab pürieren, bis eine feincremige Masse entsteht.
- Die Erdbeer-Masse in einen Topf füllen, kurz aufkochen und bei mittlerer Hitze ca. 5 Minuten köcheln lassen. Den Schaum eventuell mit einer Schaumkelle abschöpfen.
- Lass dir nun von einem Erwachsenen helfen, denn es wird heiß! Die Einmachgläser in einem großen Topf ca. 5 Minuten in sprudelndem Wasser auskochen. So werden sie richtig sauber und die Marmelade schimmelt nicht. Auf einem sauberen Küchenhandtuch abtropfen lassen.
- Die heiße Marmelade mit einer Schöpfkelle vorsichtig in die sterilisierten Gläser füllen, mit dem Deckel fest verschließen, auf den Kopf stellen und auskühlen lassen. Im Kühlschrank ist die Marmelade ca. 6 Wochen haltbar.

Frische Sonntagsbrötchen

Schwierigkeitsgrad: 🧀 🧀 • **Menge: 12 Brötchen**

Du brauchst dafür:

500g Dinkelmehl 630
350g lauwarmes Wasser
1 Würfel frische Hefe
1½ TL Salz

Und so geht's:

- Für dieses Rezept bereitest du den Teig schon am Vorabend zu, dann hast du am nächsten Morgen knusperfrische Brötchen. Fülle das lauwarme Wasser in eine ausreichend große Schüssel und löse den Würfel Hefe darin vollständig auf.
- Wiege das Mehl in eine Rührschüssel ab und stelle das Handrührgerät mit den Knethaken bereit. Füge das Hefewasser zum Mehl und beginne, den Teig zu verkneten. Füge das Salz hinzu und knete solange, bis ein glatter Teig entstanden ist. Den Teig in der abgedeckten Schüssel über Nacht im Kühlschrank gehen lassen.
- Den Teig nochmal gut durchkneten und 12 Brötchen formen. Lege Backpapier auf das Backblech und setze die Brötchen mit etwas Abstand darauf.
- Bei Zimmertemperatur 30-45 Minuten gehen lassen. Mit einem Messer einen Längsschnitt in den Teig machen, leicht mit Mehl bestäuben und bei 250 °C Umluft ca. 15 Minuten backen. Beim Herausnehmen des Backblechs Topfhandschuhe nicht vergessen!

Wassermelonen-Popsicles

Schwierigkeitsgrad: 🧀 • Menge: 4 Portionen

Du brauchst dafür:

Popsicles:

1 kleine Wassermelone
12 Eis-Holzstiele
100g Ruby-Schokolade

Zum Verzieren:

Gehackte Pistazien
Gehackte gefriergetrocknete Himbeeren
Zuckerstreusel

Und so geht's:

- Die Wassermelone mit einem großen Messer von der Mitte aus in zwei ca. 3 cm dicke Scheiben schneiden. Lass dir hier von einem Erwachsenen helfen, denn das geht ganz schön schwer. Die Scheiben jetzt erst halbieren und dann noch mal dritteln.
- Mit einem Gemüsemesser einen kleinen Schlitz in die Schale pieken und die Holzstiele vorsichtig in die Schale stecken.
- Die Schokolade über dem heißen Wasserbad schmelzen und die gehackten Pistazien, die Himbeeren und Zuckerstreusel in kleinen Schälchen bereithalten.
- Die Wassermelonen-Popsicles auf ein Backpapier nebeneinanderlegen. Mit einem Löffel die flüssige Schokolade über die Melone sprenkeln und sofort verzieren.
- Vor dem Vernaschen für ca. 1 Stunde im Kühlschrank kaltstellen.

Ruby-Schokolade ist eine rosafarbene Schokolade aus den seltenen Ruby-Kakaobohnen. Du findest sie in der Feinkostabteilung. Oder du nimmst einfach deine Lieblingsschokolade.

Tipp

Mit der übrigen Melone kannst du einen frischen Salat machen aus Melone, Ziegenkäse, Mandeln und frischer Minze.

XL-Schokotörtchen mit flüssigem Kern und Himbeeren

Schwierigkeitsgrad: 🧀🧀🧀 • **Menge:** 1 Törtchen

Du brauchst dafür:

150g Butter
150g Zartbitterschokolade
3 Eigelb
1 Ei
100g Kokosblütenzucker
50g Mehl
125g Himbeeren
Springform mit ca. 10cm Durchmesser

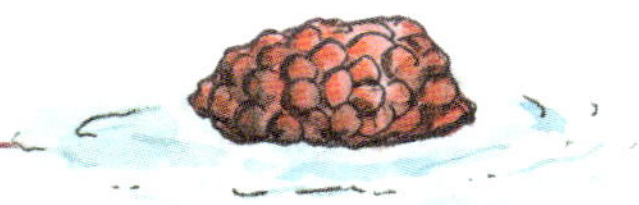

Und so geht's:

- Die Butter in einem Topf schmelzen. Die Schokolade in Stücke brechen, zur geschmolzenen Butter hinzugeben und verrühren bis sie sich komplett aufgelöst hat.
- 3 Eier trennen und die Eigelbe zusammen mit dem ganzen Ei und dem Zucker in einer Schüssel und mit dem Schneebesen leicht aufschlagen, bis eine cremige Masse entsteht.
- Die Schokoladen-Butter hinzugeben und mit dem Schneebesen alles gut vermengen. Zum Schluss vorsichtig mit einem Kochlöffel das Mehl unterheben.
- Die kleine Backform fetten und mit Zucker ausstreuen. Den Teig hineingeben und für 20 Minuten ins Gefrierfach stellen.
- Währenddessen den Ofen auf 200 °C Umluft aufheizen. Das Törtchen locker mit Alufolie bedecken und ca. 30–40 Minuten backen.
- In der Zwischenzeit die Himbeeren waschen.
- Das Törtchen aus dem Ofen nehmen und ca. 5–10 Minuten stehen lassen, damit der Zucker karamellisieren kann. Dann vorsichtig umdrehen und aus der Form nehmen. Mit den Himbeeren zusammen servieren.

Das Eiweiß kannst du für ein anderes Rezept im Kühlschrank aufbewahren.

Buttermilch-Pancakes mit Speck, Heidelbeeren & Ahornsirup

Schwierigkeitsgrad: • 4 Portionen

Du brauchst dafür:

250g Buttermilch
2 Eier
2 EL Sonnenblumenöl
200g Mehl
1 TL Natron
2 TL Backpulver
1 EL Puderzucker
125g Heidelbeeren
1 Packung Frühstücksspeck
Öl zum Braten
1 EL Ahornsirup

Und so geht's:

- Die Heidelbeeren mit einem Spritzer Zitronensaft und dem Puderzucker in einer Schale mischen und ziehen lassen.
- Jetzt die Buttermilch, die Eier und das Sonnenblumenöl mit dem Handrührgerät miteinander verrühren.
- In einer großen Schüssel Mehl, Natron, Backpulver und Puderzucker miteinander vermengen und dann die Buttermilch-Mischung dazugeben. Alles mit dem Handrührgerät vorsichtig zu einem glatten Teig verarbeiten.
- Etwas Öl in einer beschichteten Pfanne auf mittlerer Stufe erhitzen und jeweils einen gehäuften Esslöffel Teig von beiden Seiten ausbacken, bis der Pancake leicht gebräunt ist. Solange weitermachen, bis der Teig verbraucht ist.
- Währenddessen den Speck nebeneinander auf ein mit Backpapier ausgelegtes Backblech legen und im Ofen bei 180 °C Ober- und Unterhitze knusprig ausbacken.
- Am Schluss die Pancakes und den Speck übereinanderschichten, mit den Heidelbeeren belegen und den Ahornsirup darüberträufeln.

Frau Fröhlichs Feinkostgeschäft

In einem Hamburger Feinkostgeschäft mit exklusiver Käseauswahl haben sich die zwei Mäuse Picandou und Pomme de Terre, die Rattendame Gruyère und der Hamster Bertram zu einer Wohngemeinschaft zusammengefunden. Die Besitzerin des Ladens Frau Fröhlich und Margarethe, die »gute Seele« hinter der Theke, ahnen nichts von ihren heimlichen Mitbewohnern und die vier Freunde tun alles dafür, dass es so bleibt.

Die Mausehöhle

In der Mäusehöhle unter der Kellertreppe haben es sich die Muskeltiere gemütlich eingerichtet. Von hier aus planen sie ihre Einsätze und bekommen mit, was oben im Laden so vor sich geht. Und natürlich sind sie sofort zur Stelle, wenn die beiden Damen ihre Hilfe brauchen.

Selbstgemachtes Waffel-Sandwich-Eis

Schwierigkeitsgrad: 🧀 🧀 • Menge: 6-8 Portionen

Du brauchst dafür:

Waffelteig:

150g Butter
150g Zucker
3 Eier
Mark einer Vanilleschote
250g Mehl
100g Milch

Sandwich:

1kg Vanilleeis
200g Vollmilch-Schokolade
Dekor zum Bestreuen

Und so geht's:

- Fülle für die Waffeln die weiche Butter, den Zucker und die Eier in eine Rührschüssel und schlage sie mit dem Handrührgerät für mindestens 10 Minuten schaumig. Schneide dann die Vanilleschote der Länge nach auf und füge das ausgekratzte Vanillemark dazu.
- Wiege das Mehl ab, siebe es unter (dann gibt es keine Klümpchen) und rühre die Milch in den Teig.
- Bereite jetzt das Waffeleisen vor und lass dir dabei von einem Erwachsenen helfen. Buttere das Waffeleisen gut ein, fülle je einen EL Teig hinein und backe die Waffeln aus. Abkühlen lassen!
- Hole das Eis aus dem Eisfach und verteile es mit einem Löffel ca. 1 cm dick auf einer Waffel. Eine weitere Waffel legst du oben drauf und dann kommt das Sandwich direkt wieder in den Gefrierschrank. Mache solange weiter, bis Waffelteig und Eis verbraucht sind.
- Wenn alle Sandwiches im Gefrierfach sind, kannst du die Schokolade über dem heißen Wasserbad schmelzen und in eine Schüssel geben. Nimm die Waffel-Sandwiches aus der Kühlung, schneide sie vorsichtig in zwei Hälften und tunke eine Seite in die Schokolade. Jetzt kannst du sie mit Zuckerstreuseln oder gehackten Pistazien bestreuen.
- Bewahre die Waffel-Sandwiches im Gefrierfach auf, bis du sie servierst.

Schoko-Drop-Cookies mit Nussbutter

Schwierigkeitsgrad: 🧀 🧀 • Menge: 1 Backblech

Du brauchst dafür:

170g Butter
150g brauner Zucker
250g Weizenmehl 405
$^1/_2$TL Backpulver
1 Ei
100g Schokodrops

Und so geht's:

- Die Butter in einem Topf leicht anbräunen. Das bedeutet, dass du die Butter so lange aufkochst, bis sie schäumend kleine Blasen wirft und leicht, karamellig riecht. Dabei immer gut mit dem Schneebesen umrühren, damit sie nicht verbrennt.
- Den braunen Zucker in eine Schüssel geben, die Nussbutter dazu und mit dem Handrührgerät auf niedriger Stufe aufschlagen. Nach 1-2 Minuten kannst du das Ei in die Rührschüssel geben und alles zu einer cremigen, luftigen Masse verrühren.
- In einer Extraschüssel das Mehl abwiegen, mit dem Backpulver vermischen und zu der Ei-Butter Masse geben. Gut verrühren und zum Schluss die Schokodrops zum Teig geben.
- Forme den Teig zu zwei Rollen und wickle ihn in Frischhaltefolie. Lege ihn für eine Stunde in den Kühlschrank.
- Den Backofen auf 180 °C Umluft aufheizen und das Backblech mit Backpapier auslegen.
- Hole den Cookie-Teig aus dem Kühlschrank und schneide jede Rolle in 1 cm dicke Scheiben. Verteile die Cookies mit etwas Abstand auf dem Blech und backe sie für ca. 10-12 Minuten, bis sie goldbraun sind. Beim Herausholen Topf-Handschuhe nicht vergessen, denn das Blech ist sehr heiß.

Tapioka-Pudding mit Kokosmilch

Schwierigkeitsgrad: • **Menge: 4 Portionen**

Du brauchst dafür:

Pudding
100g Tapioka-Perlen
(Alternativ: Speisestärke)
750g Kokosmilch
3 EL Zucker

Topping
1 Flugmango
100g Physalis
1 Maracuja
Kokosstücke zum Dekorieren

Und so geht's:

- Tapioka-Perlen, Kokosmilch und Zucker in einem Topf zum Kochen bringen. Bei mittlerer Hitze ca. 10 Minuten köcheln lassen und gelegentlich umrühren, damit sich die Perlen nicht am Boden absetzen.
- Dann den Topf vom Herd ziehen (Topflappen verwenden!) und die Masse ca. 5 Minuten quellen lassen.
- Fülle den Pudding in 4 saubere Gläser und lasse ihn abkühlen.
- In der Zwischenzeit kannst du die Mango waschen, schälen, um den Kern herum in 2 Hälften schneiden und das Fruchtfleisch würfeln. Dann die Physalis waschen und halbieren. Verteile die Fruchtstücke gleichmäßig auf die 4 Pudding-Gläser.
- Wasche die Maracuja und schneide sie auf. Nimm mit einem Löffel das Fruchtfleisch heraus und verteike es auf die Mango und Physalis. Zum Schluss den Pudding mit Kokosstückchen dekorieren.

Tapioka ist aus der Maniokwurzel gewonnene Stärke und wird ähnlich wie Speisestärke zum Binden von Desserts verwendet. Da sie rein pflanzlich ist, ist sie ein guter Ersatz bei glutenfreier Ernährung. Du findest sie im Bio-Supermarkt.

Waffel-Donut-Pops

Schwierigkeitsgrad: 🧀 🧀 • **Menge: 6 - 8 Portionen**

Du brauchst dafür:

Für die Waffeln:
150g Butter
150g Zucker
3 Eier
Mark einer Vanilleschote
250g Mehl
100g Milch

Zum Verzieren:
200g Zartbitterschokolade
200g Vollmilchschokolade
Zuckerstreusel
Holzstiele

Und so geht's:

- Fülle die weiche Butter, den Zucker und die Eier in eine Rührschüssel und schlage sie mit dem Handrührgerät für mindestens 10 Minuten schaumig. Dann schneidest du die Vanilleschote der Länge nach auf und fügst das ausgekratzte Vanillemark dazu.
- Wiege das Mehl ab, siebe es unter (dann gibt es keine Klümpchen) und rühre die Milch in den Teig.
- Bereite jetzt das Waffeleisen vor und lass dir dabei von einem Erwachsenen helfen. Buttere das Waffeleisen gut aus, fülle je einen EL Teig hinein und backe die Waffeln aus.
- Lege die Waffeln auf ein Schneidebrett und steche mit einem großen Metallring die Waffeln kreisrund aus. Mit einem kleinen Ring stichst du in die Mitte der Waffel ein Loch.
- Nimm dir einen Topf und lass die Schokoladen unter Rühren schmelzen. Tauche die Holzstiele ca. 1 cm in die Schokolade und stecke sie in die Waffel. Abkühlen lassen bis die Schokolade fest ist, und dann tauchst du die gesamte Waffel in die Schokolade. Sofort mit den Streuseln bestreuen und auskühlen lassen. Mit den anderen Waffeln ebenso vorgehen.

Käsige Köstlichkeiten

Spaghetti bolognese

Schwierigkeitsgrad: • Menge: für 4 Personen

Du brauchst dafür:

1 Zwiebel
1 Karotte
2 Stangen Staudensellerie
1 Knoblauchzehe
Olivenöl
500g gemischtes Hackfleisch
100g Tomatenmark
4 Lorbeerblätter
1 Liter passierte Tomaten
1 El Oregano
400g Spaghetti
Salz
Pfeffer

Und so geht's:

- Die Zwiebel und Karotte schälen und fein würfeln. Den Stangensellerie waschen und in feine Scheiben schneiden. Den Knoblauch klein schneiden oder mit der Knoblauchpresse pressen.
- Ca. 5 EL Olivenöl in einem großen Topf erhitzen und das gewürfelte Gemüse und den Knoblauch hinzugeben.
- Das Gemüse 2–3 Minuten lang anschwitzen und dabei umrühren. Das Hackfleisch dazugeben und anbraten, bis es nicht mehr rot ist.
- Nach 5 Minuten das Tomatenmark hinzugeben und kurz mitanbraten. Jetzt die passierten Tomaten hinzufügen. Mit Oregano, Lorbeerblättern, Salz und Pfeffer würzen und ca. 2 Stunden auf niedriger Flamme köcheln lassen.
- In einem großen Topf Wasser aufkochen. Wenn es blubbert, Salz und die Spaghetti dazugeben und ca. 9 Minuten kochen lassen, bis die Nudeln al dente sind, also noch Biss haben.
- In einer Schüssel die Spaghetti mit der Soße vermengen. Wer mag, kann direkt Parmesan darüber reiben und dann servieren.

Lass dir beim Abgießen immer von einem Erwachsenen helfen. Mit heißem Wasser kann man sich leicht verbrühen.

Makkaroni mit Käsesoße, Erbsen & Schinken

Schwierigkeitsgrad: • 4 Portionen

Du brauchst dafür:

200g Makkaroni
1 Zwiebel
1 Dose Erbsen
200g Kochschinken
500ml Milch
2 Packungen Schmelzkäse
Öl zum Braten
Salz & Pfeffer

Und so geht's:

- Wasser in einem großen Topf aufsetzen und zum Kochen bringen.
- In der Zwischenzeit die Zwiebel und den Schinken in kleine Würfel schneiden. Die Erbsen absieben. Die Zwiebeln mit 4-5 EL Öl in einem Topf anschwitzen. Wenn sie glasig sind, den Schinken und die Erbsen dazu geben und ebenfalls kurz anbraten.
- Die Zwiebel-Schinken-Erbsen-Mischung mit der Milch ablöschen und den Schmelzkäse hineingeben und mit Salz und Pfeffer abschmecken. Alles einmal kurz miteinander aufkochen und zur Seite stellen.
- Die Makkaroni in einem großen Topf mit kochendem Wasser al dente kochen und dann das Wasser abgießen. In einer großen Schüssel alles gut miteinander vermischen und servieren.

Zucchinipuffer mit Haferflocken und Joghurt-Dip

Schwierigkeitsgrad: 🧀 🧀 • Menge: 4 Portionen

Du brauchst dafür:

Zucchinipuffer:

2 kleine Zucchini (ca. 300g)
1 kleine rote Zwiebel
100g körnige Haferflocken
2 Eier
50g Parmesan
Salz und Pfeffer
1 TL Olivenöl

Joghurt-Dip:

150g Joghurt
50g Sahne
1 Knoblauchzehe
2 EL gehackte Petersilie
Salz und Pfeffer

Und so geht's:

- Zuerst bereitest du den Joghurt-Dip vor: Presse die Knoblauchzehe mit der Knoblauchpresse in den Joghurt. Alternativ kannst du ihn auch in sehr feine Würfel schneiden. Dann den Joghurt mit Sahne, Petersilie, Salz und Pfeffer würzen und alles gut verrühren.
- Die Zucchini grob raspeln und in eine große Schüssel geben. Die Zwiebel fein würfeln und zu den Zucchini geben. Den Parmesan fein reiben.
- Dann die Haferflocken, die 2 Eier, den geriebenen Parmesan mit den Zucchini und Zwiebeln zu einem Teig vermengen.
- Das Olivenöl in einer beschichteten Pfanne auf mittlerer Stufe erhitzen und nacheinander jeweils einen Esslöffel Teig in die Pfanne geben, mit der Löffelrückseite etwas platt drücken und von beiden Seiten goldbraun ausbacken. Mit dem restlichen Teig ebenso verfahren. Die gebratenen Puffer kannst du im Ofen bei 50 °C warmhalten.
- Den Joghurt-Dip in ein Schälchen füllen und zu den Zucchinipuffern reichen.

Bunte Ofenkartoffeln mit Dip

Schwierigkeitsgrad: 🧀 🧀 • 4 Portionen

Du brauchst dafür:

Für die Ofenkartoffeln:

2 große vorwiegend festkochende Kartoffeln
2 Süßkartoffeln
2 lilafarbene Süßkartoffeln
200g lilafarbene Kartoffeln
100g Olivenöl
1-2 Knoblauchzehen, je nach Geschmack
Meersalz
Pfeffer
1 Zweig Rosmarin

Für den Dip:

100g Joghurt
2 EL Mayonnaise
1 Bio-Zitrone

Und so geht's:

- Den Ofen auf 180 °C Umluft vorheizen.
- Die Kartoffeln und die Süßkartoffeln schälen und in fingerbreite Schnitze schneiden. Alle Kartoffelschnitze in eine Schüssel geben und mit Olivenöl, Meersalz, und Pfeffer würzen. Die Rosmarinblätter fein hacken, den Knoblauch pressen oder in feine Würfel schneiden und beides dazugeben.
- Die Gewürze und das Öl gut mit den Kartoffeln vermischen und mit den Fingern leicht einmassieren.
- Die Kartoffeln auf ein mit Backpapier ausgelegtes Backblech legen und im Ofen 30 Minuten backen, bis die Kartoffeln außen knusprig geworden sind.
- In der Zwischenzeit den Joghurt mit der Mayonnaise mischen und mit abgeriebener Zitronenschale sowie Salz und Pfeffer abschmecken.
- Die fertigen Kartoffeln mit dem Dip zusammen servieren.

Wenn du keine lilafarbenen Kartoffeln findest, kannst du auch normale festkochende nehmen.

Kartoffel-Gruyère-Samosas mit Curry

Schwierigkeitsgrad: 🧀🧀 • Menge: 10 Stück

Du brauchst dafür:

10 Blätter Filoteig
(ca. 10 x 20 cm)
150g gekochte Kartoffeln
1 Lauchzwiebel
2 EL Schmand
100g geriebenen
Gruyère-Käse

1/2 TL Currypulver
1 Msp. Kreuzkümmel
1/2 TL Kurkuma
Salz und Pfeffer
1 Ei
Erdnussöl zum Frittieren

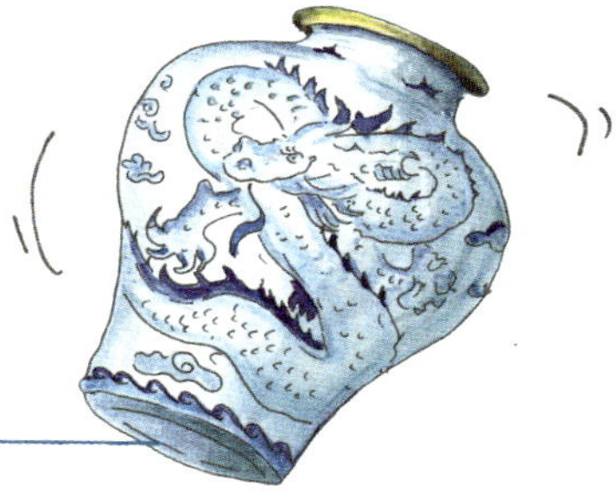

Und so geht's:

- Die gekochten Kartoffeln in kleine Würfel schneiden, die Lauchzwiebeln in feine Ringe schneiden und zusammen mit dem geriebenen Gruyère in eine Schüssel geben. Curry, Kreuzkümmel und Kurkuma dazugeben und mit Salz und Pfeffer abschmecken. Vermenge alles gut mit den Händen.
- Das Ei aufschlagen, mit einer Gabel verquirlen und einen Backpinsel bereithalten. Fülle nacheinander die Filoteigblätter mit der Kartoffelmasse und falte sie zu Dreiecken zusammen. Bestreiche das letzte Ende mit dem Ei und verschließe das Dreieck gut.
- Jetzt muss ein Erwachsener helfen: Fülle das Erdnussöl ca. 3 cm hoch in einen hohen Topf und erhitze das Öl auf ca. 160 °C. Ihr könnt den Kochlöffeltest machen: Haltet vorsichtig den Stiel eines Kochlöffels in das heiße Fett. Wenn Blasen daran aufsteigen, ist es richtig heiß. Brate die Samosas darin von beiden Seiten goldbraun.
- Holt die Samosas mit einem Schaumlöffel vorsichtig aus dem heißen Öl. Achtung: Heißes Öl kann spritzen! Bestreue die Teigtaschen mit gezupftem Koriander und serviere sie auf einem schönen Teller.

Auch sehr lecker schmeckt es, wenn man die Kartoffeln durch Hackfleisch ersetzt.

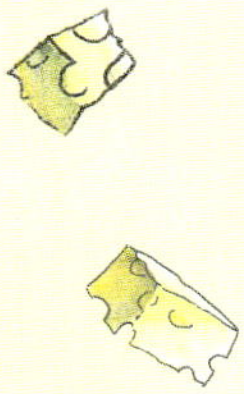

Frau Fröhlichs Käsetheke

Vorsichtig spähten Picandou und die kleine Mäusedame in Frau Fröhlichs Feinkostenladen. Die Abendsonne spiegelte sich auf den Fliesen und im Schloss der Ladentür steckte ein Schlüssel.

Picandou wusste, was das bedeutete: Sie würden nicht mehr lange warten müssen. Aus der Küche hörte er die Stimmen von Margarethe und Frau Fröhlich, die gerade aufräumten.

Die kleine Maus sah sich staunend um. Vor ihnen auf den Regalen türmten sich Gläser mit Marmelade und Teller mit Keksen und Kuchen. Das Beste aber war ein würziger Duft, gepaart mit Kuhmilch-cremig und einem Hauch alter Socken. Er kam aus einer weißen Theke mit einer Glashaube, die unweit der Kellertür stand. Unter der Glashaube thronten prächtige Käseräder, Camemberts, Schafskäse, Ziegenkäse, sogar ein Roquefort war dabei.

»Mein Reich«, sagte Picandou und breitete feierlich die Pfoten aus. »Ich kenne jeden Käse da oben persönlich. Mit Namen und Herkunft.«

»Wirklich?« Die kleine Maus war beeindruckt. Der Duft und der Anblick hatten ihr sichtlich den Atem verschlagen. Ergriffen schauten beide zur Käsetheke hinauf.

»Ja«, flüsterte ihr Picandou ins Ohr. Seine Brust schwoll an vor Stolz. »Appen-

zeller und Gruyère aus der Schweiz, Picandou, Camembert, Saint Albray und ein ausgezeichneter Roquefort aus Frankreich, Harzer Roller und Allgäuer Bergkäse aus Deutschland, Gouda und Edamer aus Holland, Cheddar und Stilton aus Eng-«

Die kleine Maus klatschte in die Pfötchen. »Auf was warten wir eigentlich noch?«, rief sie. »Hinein ins Vergnügen, wie Signor Francesco zu sagen pflegte.«

Und bevor Picandou sie zurückhalten konnte, humpelte sie schon mit erstaunlicher Geschwindigkeit hinüber zur Käsetheke.

Knusprige Käsestangen

Schwierigkeitsgrad: 🧀 • ca 24 Stück

Du brauchst dafür:

1 Rolle fertiger Blätterteig
aus dem Kühlregal
100g Gruyère
1 Ei verquirlt
Pfeffer

Und so geht's:

- Den Ofen auf 180 °C Umluft vorheizen.
- Breite den Blätterteig auf einer großen Arbeitsfläche aus, halbiere ihn in der Mitte und schneide ihn mit einem Küchenmesser in 3 cm breite Streifen.
- Drehe die Streifen leicht ein und bestreiche sie mit dem verquirlten Ei. Dafür verwendest du am besten einen Backpinsel.
- Reibe den Gruyère fein auf der Käsereibe und verteile ihn gleichmäßig auf den Blätterteigstangen.
- Die Käsestangen auf ein mit Backpapier ausgelegtes Blech legen und für ca. 15 Minuten auf der mittleren Schiene backen.

Käse-Kartoffel-Suppe im Brotlaib mit Lauch

Schwierigkeitsgrad: 🧀 • **Menge: 3 Portionen**

Du brauchst dafür:

3 kleine, runde Laibe Mischbrot mit Kruste (vom Bäcker)
300g mehligkochende Kartoffeln
500ml Hühnerbrühe
300ml Sahne
200g Gruyère
150g Lauch
Salz
Pfeffer
Muskat

Und so geht's:

- Die Kartoffeln schälen, waschen und in reichlich Salzwasser ca. 15 Minuten kochen, bis sie gar sind. Wenn du mit einem Messer vorsichtig hineinstichst, kannst du spüren, ob die Kartoffeln weich sind. Dann vorsichtig abgießen und im Topf bereithalten.
- Die Lauchstange längs aufschneiden, gut unter fließendem Wasser waschen und in dünne Ringe schneiden.
- Die Lauchringe in einem Topf mit 1-2 EL Öl anbraten, bis es duftet. Benutze Topflappen, wenn du den heißen Topf anfasst. Mit Hühnerbrühe und Sahne ablöschen. Die gekochten Kartoffeln durch eine Kartoffelpresse drücken und in die Suppe geben. Mit einem Schneebesen gut verrühren. Wenn du keine Kartoffelpresse hast, kannst du die Suppe auch mit dem Pürierstab pürieren.
- Die Suppe für 10-15 Minuten auf mittlerer Hitze köcheln lassen. Den Gruyère dazugeben und mit Salz, Pfeffer und Muskatnuss abschmecken.
- Während die Suppe köchelt, kannst du die Brotlaibe oben aufschneiden, das weiche Innere herausholen und mit einer Schöpfkelle vorsichtig die Suppe einfüllen. Wer mag, kann den Deckel wieder drauflegen, so bleibt die Suppe länger warm.

Aus dem weichen Brotinneren kannst du super feine Croutons machen oder es einfach in die Suppe tunken.

Burritos mit Maishähnchen, Gruyère & Petersilie

Schwierigkeitsgrad: 🧀🧀 • **Menge:** 4 Portionen

Du brauchst dafür:

400g Maishähnchenbrust
3 EL Olivenöl
1/2 gewürfelte Zwiebel
Salz und Pfeffer
1 Bund glatte Petersilie
250g Gruyère
4 große Wraps (gibt es fertig zu kaufen im Supermarkt)

Und so geht's:

- Das Maishähnchen waschen, trockentupfen und in Würfel schneiden. 1 Zwiebel schälen, halbieren und fein würfeln. Das Olivenöl in eine beschichtete Pfanne geben und die Zwiebelwürfel zusammen mit dem Hähnchen anbraten. Lass dir dabei von einem Erwachsenen helfen. Mit Salz und Pfeffer abschmecken und alles in eine große Schüssel füllen.
- Die Petersilie fein hacken und zu dem Hähnchen geben. Den Gruyère fein reiben und ebenfalls zu der Hähnchenmasse geben.
- Lege die 4 Wraps auf der Arbeitsfläche aus und verteile die Füllung darauf gleichmäßig.
- Jetzt musst du die Seiten des Wraps einklappen und ein Ende zum anderen einrollen, sodass eine geschlossene Rolle entsteht.
- Wenn ihr im Sommer draußen grillt, könnt ihr die fertigen Burritos kurz auf dem Grill von beiden Seiten angrillen. Sonst kannst du sie auch im Ofen bei 160 °C für 10 Minuten backen.

Tipp:

Wer die Burritos lieber ohne Fleisch mag, nimmt anstatt der Hähnchenbrust 200g Mais und 200g gekochte Kartoffeln.

Käsekunde für Schleckermäuse

Picandou

Picandou ist ein französischer Ziegenkäse, der in kleinen runden Talern angeboten wird. Die Erfinder dieser Käsesorte trafen sich 1968 in Paris, wo sie beschlossen, eine Ziegenfarm im Périgord zu gründen und Käse herzustellen. Die Ziegentaler schmecken mild, frisch und cremig. Am besten schmecken sie zu einem knusprigen Baguette oder mit Honig gebacken zu einem frischen Salat.

St. Albray

St. Albray ist ein französischer Weichkäse, der ursprünglich aus dem Städtchen Juraçon am Fuße der Pyrenäen kommt. Typisch ist seine Form, die an eine Blüte mit fünf Blütenblättern erinnert. Außen hat er eine rotgefärbte, weiche Rinde, innen ist er cremig weiß. Er schmeckt leicht würzig und eignet sich gut für Ofenkäse oder Käsefondue.

Gruyère

Der Gruyère, auch Greyezer genannt, ist eine sehr alter Schweizer Käsesorte. Sie wird aus Rohmilch hergestellt, das heißt die Milch wird nicht behandelt, bevor die Käseproduktion beginnt. Der Hartkäse schmeckt würzig und lässt sich gut zum Überbacken verwenden. Ein Laib hat einen Durchmesser von ca. 60 cm und wiegt ca. 35 Kilo.

Camembert

Camembert ist ein französischer Weichschimmelkäse, der ursprünglich aus dem Örtchen Camembert in der Normandie stammt. Heute wird er auch in Deutschland produziert. Er ist weich, schmeckt leicht nussig und ist an seiner runden Form mit der weißen Rinde aus Edelschimmelpilzen leicht zu erkennen. In Bayern macht man aus Camembert-Resten gerne Obatzda, den man am gemütlichsten im Biergarten verspeist.

Pomme de Terre heißt übrigens Kartoffel.

Roquefort

Der grün-blau-marmorierte Blauschimmelkäse Roquefort wird traditionell aus Schafmilch hergestellt und darf sich nur so nennen, wenn er in den Höhlen rund um das Dörfchens Roquefort-sur-Soulzon gereift ist. Es war König Karl VI., der den Bewohnern von Roquefort im Jahr 1411 die alleinige Erlaubnis erteilte, diesen würzigen Käse herzustellen. Am besten schmeckt er in cremiger Sahnesauce oder mit Baguette, Birnen und Weintrauben zum Abendbrot.

Warme Kartoffeltaler

Schwierigkeitsgrad:  • Menge: 4 Portionen

Du brauchst dafür:

1 kg mehligkochende Kartoffeln
50g Gruyère gerieben
3 Eigelb
1-2 TL Kartoffelstärke
Salz, Pfeffer und Muskatnuss zum Würzen
Olivenöl zum Anbraten
Schnittlauch zum Bestreuen

Und so geht's:

- Die Kartoffeln in reichlich Salzwasser ca. 25 Minuten kochen, bis sie weich sind. Das kannst du prüfen, indem du mit einem kleinen Küchenmesser in die Kartoffel piekst. Die Kartoffeln in einem Sieb abgießen (VORSICHT: Das Wasser ist heiß!), etwas auskühlen lassen, schälen und mit einem Kartoffelstampfer zerdrücken.
- Reibe den Gruyère-Käse mit der Käsereibe auf einen Teller.
- Trenne das Eigelb vom Eiweiß.
- Nun vermischt du den Kartoffelstampf mit dem Gruyère, dem Eigelb und der Stärke. Mit Salz und Pfeffer würzen und zu einem Teig vermengen.
- Forme mit angefeuchteten Händen kleine Taler.
- Erhitze 2 EL Olivenöl in einer beschichteten Pfanne und brate die Kartoffeltaler bei mittlerer Hitze von jeder Seite ca. 2-3 Minuten.
- Nimm die Taler aus der Pfanne und staple sie auf einem Teller. Bestreue die Taler mit etwas geriebenem Käse und dem Schnittlauch. Lecker!

Tipp:

Dazu schmeckt gut Feldsalat mit Orangenfilets und Essig-Öl-Dressing.

Quesadillas mit Blumenkohl, Schinken und Cheddar

Schwierigkeitsgrad: 🧀 🧀 • 2 Portionen

Du brauchst dafür:

2 große Wraps
3 EL Crême fraiche
6 Scheiben gekochten Schinken
200g gekochter Blumenkohl
200g geriebener Cheddar
Salz und Pfeffer zum Abschmecken

Und so geht's:

- 200g Blumenkohl putzen, die Röschen in ca. 1 cm dicke Scheiben schneiden und in kochendem Wasser mit etwas Salz in ca. 10 Minuten bissfest kochen.
- Einen der beiden Wraps auf ein mit Backpapier ausgelegtes Backblech legen. Dünn mit Crême fraîche bestreichen und nach Geschmack salzen und pfeffern.
- Jetzt den Schinken und den gegarten Blumenkohl auf der Crême verteilen. Mit dem geriebenen Cheddar bestreuen und mit dem anderen Wrap bedecken. Mit den Händen leicht andrücken.
- Im Ofen bei 170 °C Umluft für ca. 15 Minuten backen. Aus dem Ofen nehmen und in Stücke schneiden. Am besten noch warm servieren.

Am besten schmeckt die Quesadilla mit einem frischen Salat. Wer das ganze lieber vegetarisch mag, kann den Schinken durch Kichererbsen aus dem Glas ersetzen.

Selbstgemachter Ofenkäse aus Saint-Albray

Schwierigkeitsgrad: • 1 Portion

Du brauchst dafür:

1 Saint-Albray-Käse
1 Blatt Filoteig
1 Ei
1 EL gehackter Schnittlauch

Und so geht's:

- Heize den Ofen auf 160 °C Umluft vor.
- Verquirle das Ei mit einer Gabel in einer Schüssel, nimm einen Backpinsel und pinsle den Käse damit rundherum ein.
- Falte den Filoteig zweimal zur Hälfte so übereinander, dass 4 Lagen Blätter übereinanderliegen. Lege den Ofenkäse auf den Filoteig und drücke den Filoteig um den Käse herum gut an, gegebenenfalls noch ein wenig mit dem Ei arbeiten, damit sich die Blätter nicht zu sehr voneinander lösen. Schneide in die Oberseite des Käses ein Kreuz.
- Setze den Käse in eine ofenfeste Form und backe ihn für 20 Minuten im Ofen auf mittlerer Schiene. Für die letzten 5 Minuten klappst du das Kreuz, das du vorher eingeschnitten hast, vorsichtig mit einer Gabel auf.
- Zum Schluss mit dem Schnittlauch bestreuen.

Frisch gebackenes Brot und ein grüner Salat schmecken toll dazu.

Tortellini-Salat mit Picandou

Schwierigkeitsgrad: • **Menge:** 4 Portionen

Du brauchst dafür:

500g Tortellini (aus der Packung oder der Frischetheke)
400g Cocktail-Tomaten
1 Zucchini
1 rote Paprika
200g Picandou
2 EL Olivenöl
1 EL Weißweinessig
Salz und Pfeffer zum Abschmecken
1 Handvoll Petersilie

Und so geht's:

- Die Tortellini nach Packungsanweisung bissfest kochen und etwas abkühlen lassen.
- Die Tomaten waschen und vierteln. Die Zucchini erst halbieren und dann in kleine Würfel schneiden. Die Paprika halbieren, die Kerne und Trennhäute entfernen und in kleine Würfel schneiden.
- Für das Dressing verrührst du in einer kleinen Schüssel 1 EL Weißweinessig mit 2 EL Olivenöl mit dem Schneebesen und würzt die Salatsauce mit Salz und Pfeffer.
- Vermenge alle Zutaten in einer großen Schüssel, bröckele den Picandou darüber und mische die frischen Petersilienblätter unter. Lasse den Salat für ca. 15 Minuten durchziehen.

Register

Süße Versuchungen

Käsige Köstlichkeiten

Köstliches zum Frühstück

Für die Lunchbox

Etwas Warmes im Magen

Für die Geburtstagsparty

© privat/Tomasz Poslada

Ute Krause, 1960 geboren, wuchs in der Türkei, Nigeria, Indien und den USA auf. An der Berliner Kunsthochschule studierte sie Visuelle Kommunikation, in München Film und Fernsehspiel. Sie ist als Schriftstellerin und Illustratorin erfolgreich. Ihre Bilder- und Kinderbücher wurden in viele Sprachen übersetzt und für das Fernsehen verfilmt. Ute Krause wurde vielfach ausgezeichnet, u. a. mit dem Verdi-Literaturpreis von der Stiftung Buchkunst, und für den Deutschen Jugendliteraturpreis nominiert.

© Cara Lee Gevers

Luisa Zerbo, geb.1989 in Villingen-Schwenningen als Tochter sizilianisch-deutscher Eltern, hat schon als Kind im Restaurant ihres Vaters ausgeholfen – und irgendwann konnte sie besser kochen als er. Nach einem Modedesign-Studium kehrte sie zu ihrer Koch-Leidenschaft zurück und eröffnete ihr eigenes Café. 2017 nahm sie an der SAT.1-Kochshow »The Taste« teil. Auf ihrem instagram-Account @soschmecktliebe verrät sie ihre Lieblingsrezepte.

Von Ute Krause sind bei cbj folgende Bücher erschienen:

Theo und das Geheimnis des schwarzen Raben, Kinderroman ab 9 Jahre (17579)

Im Labyrinth der Lügen, Kinderroman ab 10 Jahre (22654)

Die Muskeltiere zum Vorlesen:
ab 8 Jahre, ca. 208 Seiten, durchgehend farbig illustriert
Die Muskeltiere – Einer für alle, alle für einen (15903)
Die Muskeltiere auf großer Fahrt (17172)
Die Muskeltiere und Madame Roquefort (17442)

Die Muskeltiere zum Selberlesen:
ab 7 Jahre, ca. 128 Seiten, durchgehend farbig illustriert
Die Muskeltiere – Picandou und der kleine Schreihals (17337)
Die Muskeltiere – Hamster Bertram lebt gefährlich (17369)
Die Muskeltiere – Pomme de Terre und die vierzig Räuber (17679)

Die Muskeltiere – Alle meine Freunde, Eintragbuch ab 6 Jahre (17657)
Die Muskeltiere – Das große Kochbuch, ab 8 Jahre (17704)

Minus Drei zum Vorlesen:

ab 4 Jahre, 80 Seiten, durchgehend farbig illustriert

Minus Drei wünscht sich ein Haustier (15892)

Minus Drei und die laute Lucy (15893)

Minus Drei und der Zahlensalat (15906)

Minus Drei macht Party (17091)

Minus Drei geht baden (17182)

Minus Drei und die wilde Lucy zum Selberlesen

ab 6 Jahre, 80 Seiten, durchgehend farbig illustriert

Minus Drei und die wilde Lucy – Der große Vulkan-Wettkampf (17400)

Minus Drei und die wilde Lucy – Minus reißt aus (17401)

Minus Drei und die wilde Lucy – Das große Dunkel (17345)

Minus Drei und die wilde Lucy – Die blöde Sache mit dem Ei (17534)

Hilfe für die Weihnachtsmänner, Bilderbuch ab 4 Jahre (17706)

Diese Bücher gibt es auch als Hörbuch: www.cbj-audio.de